S0-BBH-409

¿A dónde van los que mueren sin poder creer?

Salvos en los brazos de Jesús

ROBERT P. LIGHTNER

PORTAVOZ

Título del original: *Safe in the Arms of Jesus: God's Provision for the Death of Those Who Cannot Believe* © 2000 por Robert P. Lightner y publicado por Kregel Publications, una división de Kregel, Inc., P.O. Box 2607, Grand Rapids, MI 49501. Traducido con permiso.

Edición en castellano: *¿A dónde van los que mueren sin poder creer?*, © 2008 por Robert P. Lightner y publicado por Editorial Portavoz, filial de Kregel Publications, Grand Rapids, Michigan 49501. Todos los derechos reservados.

EDITORIAL PORTAVOZ
P.O. Box 2607
Grand Rapids, Michigan 49501 USA
Visítenos en: www.portavoz.com

ISBN 978-0-8254-1381-0

1 2 3 4 5 / 12 11 10 09 08

Impreso en los Estados Unidos de América
Printed in the United States of America

*A Joshua Lightner Steitz,
mi tocayo.*

Contenido

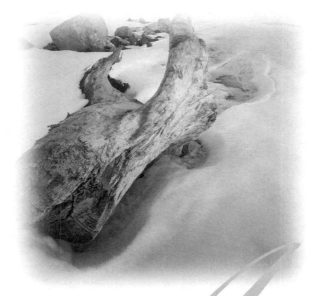

Agradecimientos

Esta obra está basada mayormente en un trabajo anterior, impreso hace ya tiempo: *Heaven for Those Who Can't Believe* [El cielo para los que no pueden creer], publicado por Regular Baptist Press. Mi agradecimiento a Regular Baptist Press por permitirme revisar dicho trabajo bajo el presente título.

Doy las gracias a todos los que han expresado su agradecimiento por la ayuda que recibieron gracias al texto anteriormente citado. Aún recibimos cartas, llamadas telefónicas y muestras de reconocimiento. Oro, de todo corazón, por que muchos más aligeren su carga y fortalezcan su fe como resultado de la lectura del presente libro.

Dios se preocupa, y yo también

Solo Dios comprende completamente el dolor que usted siente cuando pierde un ser querido. Su familia y sus amigos más cercanos se preocupan mucho y desean ayudar, pero apenas saben cómo. Todos nuestros esfuerzos parecen inútiles y nuestras palabras suenan vacías en momentos como este.

Pero por favor, no dude que Dios desde el cielo cuida y se preocupa de usted y de su pérdida. Mediante la Palabra de Dios, la Biblia, Él quiere ministrarlo a usted ahora. ¿No se lo permitirá?

Ojalá pudiera devolverle a su ser querido. Ojalá pudiera hacer desaparecer todos sus sufrimientos y dar respuesta a todas sus interrogantes, pero no puedo. Lo que puedo hacer, en su lugar, es demostrarle a partir de la Palabra de Dios cuánto lo ama Él y cuánto quiere ayudarle a soportar la carga.

Basándome en lo que plantea la Biblia, puedo decirle que su ser querido se encuentra en el cielo en este momento. También puedo decirle cómo estar seguro de que volverá a ver a su amado y de que pasará la eternidad junto a ese ser tan querido que la muerte le arrebató.

Echa sobre Jehová tu carga, y él te sustentará, no dejará para siempre caído al justo (Sal. 55:22).

Mas tú, Señor, Dios misericordioso y clemente, lento para la ira, y grande en misericordia y verdad (Sal. 86:15).

Él tiene cuidado de vosotros (1 P. 5:7).

¡Le diré algo bueno y cierto! Esa persona a quien perdió está ahora en el cielo. Lo anterior no es una exageración ni lo dije sencillamente porque sé que es lo que usted desea oír. La Biblia confirma esta creencia. Realmente es cierta. Y lo que es más, no deja de serlo aunque usted haya sufrido o se haya provocado un aborto.

Sí, su hijo está en el cielo. Usted lo cree, estoy seguro, y miles de otras madres y padres han creído lo mismo con respecto a sus hijos cuando se han visto en situaciones tan tristes. Pero lo que todos necesitamos en un momento así es una base sólida para nuestra fe, una razón para no perder la esperanza. Eso es lo que queremos, ¿no es así? Necesitamos una garantía de que nuestra creencia tiene cimientos sólidos. Necesitamos saber que nuestros sentimientos no nos están traicionando, que creer de la manera en que lo hacemos es lo correcto.

Gracias a Dios, la Biblia nos brinda razones para creer que nuestro ser querido está salvo en los brazos

de Jesús. Dios le ha dado en su Palabra lo que usted
necesita más en este momento.

> *Hijos del Padre celestial*
> *salvos en su pecho se juntan;*
> *crías de aves ni estrellas en el cielo*
> *recibieron jamás refugio igual.*

> *Dios cuida y nutre a los suyos;*
> *que en su sagrada tierra florecen.*
> *De todo mal los libra;*
> *en sus grandes brazos los lleva.*

> *Ni la vida ni la muerte*
> *han de separar jamás a los hijos del Padre;*
> *su gracia derrama sobre ellos,*
> *y todas sus aflicciones conoce.*

> *Aunque da y quita,*
> *Dios nunca ha desamparado a sus hijos,*
> *con el solo dulce propósito*
> *de preservarlos puros y santos.*[1]

Los niños
en la Biblia

Las palabras *niños* y *niño* aparecen muchas veces en la Biblia. Ambos términos abundan tanto en el Antiguo como en el Nuevo Testamento. Podemos tener la certeza, gracias a las enseñanzas que nos brindan todas estas referencias, de que los pequeños tienen un lugar seguro en el gran corazón de Dios y en su soberano plan.

En ninguna de las referencias bíblicas a bebés y niños pequeños, no aparece nada que siquiera indique que se perderán para siempre y quedarán separados de Dios si mueren antes de haber tenido la oportunidad de responder al evangelio. En la Biblia hay ejemplos, como cuando Faraón ordenó la muerte de todos los niños varones nacidos de los hebreos (Éx. 1:15-22), donde hubiera sido conveniente incluir algún comentario sobre su morada eterna. Pero ni una sola vez, ni siquiera cuando se hace referencia a la muerte de los niños, se hace la más mínima insinuación de que alguno sufrirá separación eterna de Dios.

¿Por qué, preguntamos reverentemente, nunca se dice que aquellos que no pueden responder en fe a Cristo pasan la eternidad con aquellos que lo rechazan si, de hecho, ese fuera el caso? En la Biblia no se ordena a los bebés ni a los niños pequeños ni a ningún otro que no pueda creer que crea, ni tampoco se espera que lo hagan. A ellos no se les clasifica como malhechores impíos ni individuos que rechazan la gracia de Dios. Siempre se hace referencia a los adultos, directa o indirectamente, con respecto a estos asuntos. Como la Biblia tiene tanto que decir acerca de quienes no pueden creer y, sin embargo, no plantea nada sobre su separación eterna de Dios a causa de su incapacidad, podemos concluir que el cielo es su hogar. Mueren salvos en los brazos de Jesús.

Le insto a que ponga el nombre de su ser querido en el espacio provisto al efecto en la siguiente estrofa perteneciente a un famoso himno.

Salvo en los brazos de Jesús,
salvo en su gentil pecho,
eclipsado por su amor,
dulcemente mi { M. CARMEN *} descansará.*[1]

Jesús y
los niños

Mediante su ministerio terrenal, Jesús llevó a otro nivel la ternura en la atención a los niños. Él reclamó un lugar para ellos en su reino. Incluso eligió niños para ejemplificar el carácter esencial de aquellos que habrían de entrar en el reino de Dios. Jesús tomó a los niños en sus brazos y los bendijo (Mr. 10:13-16). ¡Qué espectáculo tan especial debió de ser! Los adultos que rodeaban a Jesús, incluidos sus discípulos, no querían que los niños le molestaran, pero el Salvador les aseguró que los niños no le molestaban. Al contrario, los usó para ejemplificar la clase de espíritu que un adulto ha de poseer para poder contar con un lugar en el reino de Dios.

Y le presentaban niños para que los tocase; y los discípulos reprendían a los que los presentaban. Viéndolo Jesús, se indignó, y les dijo: Dejad a los niños venir a mí, y no se lo impidáis; porque de los tales es el reino de Dios. De cierto os digo, que el que no reciba el reino de Dios como un niño, no entrará en él. Y tomándolos en los brazos, poniendo las manos sobre ellos, los bendecía (Mr. 10:13-16).

En otra ocasión, Jesús dijo a las personas que lo

escuchaban que aquellos que dan la bienvenida o reciben a un niño en su nombre, le dan la bienvenida y lo reciben a Él. Es más, hasta igualó el hecho de que los niños no lo rechazaran con la fe. Habló de ellos como aquellos que "creen" en Él (Mt. 18:1-14). Con audacia, el Salvador dijo a las personas que lo escuchaban que era voluntad de su Padre que ninguno de los pequeños se perdiera (v. 14). Qué gran seguridad le brinda esto mientras usted sufre por su profunda pérdida.

En aquel tiempo los discípulos vinieron a Jesús, diciendo: ¿Quién es el mayor en el reino de los cielos? Y llamando Jesús a un niño, lo puso en medio de ellos, y dijo: De cierto os digo, que si no os volvéis y os hacéis como niños, no entraréis en el reino de los cielos. Así que, cualquiera que se humille como este niño, ése es el mayor en el reino de los cielos. Y cualquiera que reciba en mi nombre a un niño como este, a mí me recibe. Y cualquiera que haga tropezar a alguno de estos pequeños que creen en mí, mejor le fuera que se le colgase al cuello una piedra de molino de asno, y que se le hundiese en lo profundo del mar...

Mirad que no menospreciéis a uno de estos pequeños; porque os digo que sus ángeles en los cielos ven siempre el rostro de mi Padre que está en los cielos. Porque el Hijo del Hombre ha venido para salvar lo que se había perdido. ¿Qué os parece? Si un hombre tiene cien ovejas, y se descarría una de ellas, ¿no deja las noventa y nueve y va por los montes a buscar la que se había descarriado? Y si acontece que la encuentra, de cierto os digo que se regocija más por aquélla, que por las noventa y nueve que no se descarriaron. Así, no es la voluntad de vuestro Padre que está en los cielos, que se pierda uno de estos pequeños (Mt. 18:1-6, 10-14).

Durante su ministerio terrenal, el Señor Jesucristo prestó gran atención a los niños. Benjamin B. Warfield, un gran portavoz evangélico del pasado, resumió muy bien el interés del Salvador y su ministerio con respecto a los niños:

Podríamos resumir lo que Jesús hizo por los niños de la siguiente manera. Utilizó su propia vida de niño para ejemplificar el

ideal de niñez. Manifestó la ternura y el ca-
riño que siente por los niños al bendecirlos
en cada etapa de desarrollo en la medida en
que ocasionalmente entraba en contacto con
ellos. Reafirmó un lugar ya reconocido en
su reino para los niños y se relacionó con
fe y amor con cada edad a medida que se le
presentaba en el curso de su obra. Eligió la
condición de niño como ejemplo típico del
carácter esencial de los beneficiados con el
reino de Dios. Adoptó la relación de la niñez
como la imagen terrenal más vívida de la
relación del pueblo de Dios con Él, que no
sentía vergüenza de que lo llamaran Padre
que está en el cielo y consiguientemente,
arrojó gloria sobre dicha relación, gloria que
la ha transfigurado desde entonces.[1]

¿Qué significado tiene para los padres y familiares
afligidos el interés de Cristo y su ministerio con respecto a los bebés y los niños pequeños? Como Cristo
estaba muy preocupado por quienes no podían creer
y como hizo tanto por ellos durante su vida, tenemos
razones para creer que Él los ama y les concede vida
eterna al morir.

Jesús acogió y recibió a niños cuando estaba en

la tierra. Habló sobre ellos diciendo que creían en Él y, además, murió por ellos. Él murió por todos, la Biblia nos lo dice claramente. ¿Por qué murió? Jesús murió para pagar la deuda que contrajimos a causa del pecado de Adán. Cuando Adán pecó, nos enseña la Biblia, representaba a toda la raza humana, a todo individuo que habría de vivir en la tierra. La raza en potencia estaba en él de alguna manera y, a causa de ello, todos nos hemos visto afectados por la primera desobediencia que Adán cometió.

Pero el lado maravilloso de la historia es que cuando Jesucristo, el último Adán, murió en la cruz, pagó la deuda que todos contrajimos por el pecado, el mismo grupo que resultó afectado por el primer pecado que Adán cometió. La muerte de Jesús satisfizo completamente todas las exigencias de la justicia de Dios injuriada por el pecado de Adán.

La razón por la que algunos adultos no van al cielo es que se niegan a aceptar lo que Cristo hizo por ellos. Se niegan a creer en Él como su propio Salvador. Pero quienes nunca han podido comprender y, consiguientemente, no han aceptado pero tampoco rechazado la gran salvación de Dios, van al cielo al morir.

La salvación solo se encuentra en Cristo. Es la muerte sustitutiva de Cristo la que aplaca la ira de Dios contra el pecado (Ro. 5:9). Al morir en la cruz,

Jesús recibió sobre sí el juicio de Dios. Para aquellos que aceptan a Jesús como Salvador, ya están satisfechas todas las exigencias de Dios y su ira apartada. El juicio de Dios cae solo sobre sus enemigos (Nah. 1:2). Los que *no pueden* creer no son enemigos de Dios, son "reconciliados con Dios" (Ro. 5:10).

Sin duda, el tormento eterno del infierno es una manifestación de la ira de Dios. Aquellos que sufran la ira de Dios en dicho lugar, la padecerán porque rechazaron su amor en Cristo y por consiguiente, merecen sufrir las consecuencias. Aquellos que no pueden creer tampoco pueden descreer; podemos, pues, estar seguros de que pasarán la eternidad en el cielo.

En realidad, todos nacemos en estado de condenación. Esta condenación se nos quita cuando respondemos a la provisión de Dios de gracia en Cristo. "El que en él cree, no es condenado; pero el que no cree, ya ha sido condenado, porque no ha creído en el nombre del unigénito Hijo de Dios" (Jn. 3:18).

Una vez más retomamos la interrogante: ¿Y los que no pueden creer? Mi respuesta es que como el precio ha sido pagado completamente, la deuda queda cancelada hasta que se le rechace. Por tanto, Dios puede recibir en su presencia a todos los que no *pudieron* recibir a su Hijo por fe. Sin violar de ninguna manera sus demandas de justicia, Dios los acepta en su presencia.

Después de todo, sus demandas de justicia fueron todas satisfechas en el Calvario. ¡Se pagó la deuda! ¡Jesús la pagó por completo! No se le debe nada más a Dios. Cuando los que pueden creer de hecho creen, su fe no contribuye en nada a la eliminación de la deuda producto del pecado. En las Escrituras, los requisitos de Dios con respecto a la fe del pecador nunca aparecen como parte del pago de la deuda de dicho sujeto. La deuda del pecado solo se les carga a quienes rechazan el pago que Dios Hijo realizó y que Dios Padre aceptó. Los que no pueden creer, no le deben nada a Dios. Los que pueden creer pero no lo hacen, le deben toda la deuda, por eso, no pueden ir al cielo. Ellos mismos no pueden pagar su deuda. Rechazar el pago de Cristo es sellar su propio destino eterno, pero los que son *incapaces de recibirlo* ya vienen incluidos en el pago que se realizó y que Dios aceptó.

La muerte sustitutiva de Cristo también brinda fundamento para creer que los que no pueden creer son salvos en la hora de su muerte. Jesús sí murió por todos. Sin duda, Él no excluyó de su misericordiosa provisión a quienes no pueden creer. Como señalamos anteriormente, la muerte de Cristo pagó el precio completo de los pecados de todas las personas. Consiguientemente, la deuda sigue cancelada a menos que se rechace al Salvador y su obra terminada.

Otro factor relacionado con la muerte de Cristo confirma este parecer. Si los que no pueden creer no son beneficiarios de la salvación de Dios, Cristo murió en vano por ellos. No consiguió absolutamente nada con la obra que hizo por ellos si no resultan salvos gracias a ella. Alguien podría preguntar: "¿Y los que rechazan la salvación de Cristo? ¿Qué valor tuvo su muerte o qué provecho tuvo para ellos?" La respuesta es que la muerte de Cristo es la base para condenar a quienes no creen, pero no cabe la menor duda de que su muerte no es la base para condenar a los que no pueden creer y que no lo rechazaron. Las Escrituras claramente nos enseñan que se condena a los que no creen por esa misma razón: "no ha creído en el nombre del unigénito Hijo de Dios" (Jn. 3:18). La ira de Dios está sobre los que eligen no creer: "El que cree en el Hijo tiene vida eterna; pero el que rehúsa creer en el Hijo no verá la vida, sino que la ira de Dios está sobre él" (Jn. 3:36). Solo si son salvos los que no pueden creer, la obra terminada de Cristo tiene algún tipo de relación con ellos.

El carácter
de Dios

Todo lo que sabemos del Dios de la Biblia confirma el hecho de que el cielo es la morada eterna de su hijo y de todos los que han muerto sin tener la capacidad de decidirse a favor o en contra de Cristo. Un determinado número de las características descriptivas de Dios que aparecen en las Escrituras confirman firmemente esta opinión. La salvación está disponible para todos aquellos que no puedan responder al evangelio; son salvos en el cielo después de morir. Estas verdades también le sirven a usted de consuelo.

Las características o atributos de Dios nos dicen mucho más que la manera en que actúa y las cosas que hace. Los atributos de Dios no son meras cualidades que acompañan a su Persona. Tampoco son sencillamente las cosas que hace. En realidad, Él *es* cada una de esas cosas. Son su esencia. Describen su Persona, no solamente su comportamiento.

Si no imputamos ideas humanas a estas características divinas, no estaría en armonía con la naturaleza misma de Dios el que alguien que no pueda creer muera y sufra juicio eterno. Repasemos juntos algunos de los atributos de Dios con este pensamiento en mente.

La sabiduría de Dios

Dios jamás ha cometido un error ni nunca

cometerá ninguno. ¡Imagíneselo! Él es el Dios que todo lo sabe. En su sabiduría, ha elegido e implementado un plan de redención que lo glorificará inmensamente. Su Hijo es el Salvador que murió por todos nosotros. Sabiamente, Dios ha dictado un solo camino para la salvación. Lejos del Señor Jesucristo, su Hijo, no hay salvación. Quienes lo rechacen como su propio Salvador se perderán para siempre. No tienen esperanza y están condenados a estar siempre separados de Él.

Pero los que *no pueden* creer, no *rechazan* el ofrecimiento de Dios, no rechazan a Cristo el Salvador ni a la revelación de Dios en la naturaleza y conciencia humanas. En su infinita sabiduría, Dios tiene cuidado de ellos.

Puesto que rechazar al Salvador es la razón por la que las personas quedarán separadas eternamente de Dios, quienes no lo rechacen porque no pueden tomar una decisión consciente, entran en el reino del cielo gracias a la obra terminada de Cristo. El plan de redención de Dios es sabio porque Él es sabio.

El amor de Dios

"Dios es amor" es la clara revelación de las Escrituras (1 Jn. 4:16). No se puede encontrar en la Biblia un planteamiento más profundo que este. Dios no solo ama, sino que *es* amor. Parecería totalmente discordante, en relación con esta verdad, creer que Dios puede enviar al infierno a quienes no han logrado alcanzar un determinado nivel de competencia mental que les permita decidirse por el Salvador. Después de todo, Dios envió a su Hijo a morir por todos. Su amor por el mundo era tal que fue capaz de entregar a su Hijo. Ese mismo amor no pierde validez hasta que llega el momento en que se le rechaza y desdeña. El amor infinito de Dios por todos se ejemplifica, ilustra, confirma y fortalece cuando vemos cómo, en amor, asegura la salvación de ese gran número que no puede creer.

Cristo me ama, bien lo sé,
Su Palabra me hace ver,
Que los niños son de aquel,
Quien es nuestro amigo fiel.

Coro:
Cristo me ama,
Cristo me ama,
Cristo me ama,
La Biblia dice así.

Cristo me ama, pues murió,
Y el cielo me abrió;

El mis culpas quitará,
   Y la entrada me dará.[1]

La misericordia y la gracia de Dios: Expresiones de su amor

El salmista escribió: "Misericordioso y clemente es Jehová; lento para la ira, y grande en misericordia" (Sal. 103:8). La misericordia y la gracia pueden verse como dos caras de una misma verdad. La misericordia de Dios significa la suspensión del castigo merecido. La gracia de Dios se refiere a que Él da su favor a quien no lo merece.

¿Cómo se relacionan estas dos perfecciones de Dios con el destino eterno de su ser querido? Se relacionan de la siguiente manera: por medio de Jesucristo vimos la misericordia de Dios y su gracia para con todos, para con aquellos que pueden creer y lo hacen, y para con los que no pueden creer. Cristo cargó con el castigo que merece la raza humana por el pecado cometido. Lo que *nosotros* nos merecemos, *Él* lo recibió. No puede ser más misericordioso. Lo que Él hace por la salvación de la humanidad se basa en la misericordia que reveló mediante su muerte en la cruz. La gracia de Dios también se hizo manifiesta en ese momento. Allí, por medio de la muerte de su Hijo, Dios hizo posible su favor y la salvación de todos, incluso cuando ninguna persona se lo merece. ¿Cómo, hemos de preguntar, puede decirse que Dios es misericordioso para con los que no pueden creer si, de hecho, se perdiera un solo individuo perteneciente a dicho grupo?

La bondad de Dios

"Jehová es bueno" (Nah. 1:7). ¿Hace Dios cosas buenas? ¿Hace Él solamente cosas buenas? La respuesta a ambas interrogantes es un "sí" categórico. Pero ¿podría ser esta verdaderamente la respuesta a cada una de dichas preguntas si Él condenara por toda la eternidad a los que no lograron comprender y, en consecuencia, no pudieron cumplir con el requisito que Él mismo estableció para la salvación?

No solo creemos en la verdad bíblica cuando no encontramos ninguna objeción a ella. Dios nos llama a creer en su Palabra sin importar los problemas que nos pueda acarrear. Las enseñanzas de la Biblia no incluyen la condenación de quienes *no pueden* creer. A su vez, nos enseña acerca de la bondad de Dios. Parecería extremadamente incoherente con su bondad el que alguien que no pudiera creer y muriera se perdiera para siempre. Creo más bien que todo el que es así recibe vida eterna a la hora de su muerte porque las Escrituras no muestran lo contrario por ninguna parte, y porque tal creencia es perfectamente acorde con la persona de Dios.

La justicia de Dios

Jehová, dijo Sofonías, "no hará iniquidad" (Sof. 3:5). David el salmista expresó la misma verdad con respecto a la justicia de Dios al decir: "Jehová es el que hace justicia y derecho a todos los que padecen violencia" (Sal. 103:6).

Como Dios es justo, podemos estar seguros de que se comporta con todas sus criaturas de manera equitativa y acorde con la verdad. Nunca es injusto, aunque a nosotros nos dé esa impresión. Pero si Él exigiera algo de alguna de sus criaturas que a esta le resultara imposible, ¿estaría siendo justo? Si Dios ha dejado claro en su Palabra que aquel que rechace a su Hijo como Salvador quedará separado de Él eternamente, ¿estaría siendo justo al no permitir ante su presencia a aquellos que nunca fueron *capaces* de recibir o rechazar su salvación?

El Hijo de Dios vino declarando la justicia de Dios: "que él sea el justo, y el que justifica al que es de la fe de Jesús" (Ro. 3:26). Pero hay muchos que *no pueden* depositar su fe en Jesús. ¿Qué será de ellos? Basándonos en nuestro conocimiento de la justicia de Dios y la satisfacción por obra de su hijo de su justicia injuriada, creemos que Él justificará a quienes no pueden creer con la misma seguridad con la que creemos que justificará a los que creen.

La santidad de Dios

"Jehová nuestro Dios es santo" (Sal. 99:9). "Dios es luz, y no hay ningunas tinieblas en él" (1 Jn. 1:5). ¿Y la santidad absoluta de Dios en relación con los que no pueden creer? Si Dios es santo y quienes no pueden creer nacen en pecado, ¿no es lógico que no puedan ser salvos?

¡No, no lo es!

De lo que sí estoy completamente convencido es de que los que no pueden creer no recibirían vida eterna si Cristo no hubiera muerto por ellos ni hubiera pagado su pecado. Él tuvo que pagar todo el precio que Dios exigió por su justicia injuriada y pagó por todos, por aquellos que no creen y por aquellos que pueden creer y creen. Por consiguiente, nadie es condenado a tormento eterno sencillamente porque se considera que pecó en Adán y nació en pecado. Dios ha hecho algo con respecto a ese pecado y la culpa que acarrea. La razón definitiva e incuestionable que provoca la separación eterna de la presencia de Dios es el rechazo a su Hijo como Salvador. No hay otra manera de explicar los múltiples pasajes de las Escrituras que indican que la fe es la única condición para ser salvo.

La ira de Dios

La Biblia trata extensamente la ira de Dios. Hablar de esta particularidad de Dios, sin embargo, no es popular ni tentador. Incluso quienes creen en la justa ira de Dios tienden a hablar muy poco de ella.

La ira de Dios no debe entenderse como la pérdida de su autocontrol. Su ira no es un arranque irracional, como sucede con los humanos. Quienes sufren la ira de Dios reciben exactamente lo que merecen. Podemos comprender la ira de Dios si la comparamos con su amor. Su ira es expresión de sentimiento emotivo, al igual que su amor. La diferencia entre ambos es que el amor de Dios se traduce en su favor (gracia) para con los pecadores, mientras que su ira se traduce en castigo para los pecadores. La ira de Dios se manifiesta hacia aquellos que desdeñan su amor. Es expresión de su justicia.

¿Cómo se relacionan las enseñanzas bíblicas sobre la ira de Dios con la salvación de quienes no pueden creer? Se relacionan de manera categórica porque, los que padecen la ira de Dios, la merecen. La sufren porque rechazan la vía de Dios para escapar a ella. Aquellos que no pueden creer no han rechazado la gracia de Dios. ¿Es voluntad de Dios derramar su ira sobre ellos?

Dios nos ha dicho claramente que la razón por la que las personas no logran que sus nombres sean escritos en el libro de la vida es porque *eligen* de manera obstinada y deliberada no recibir a Cristo como su Salvador personal. Ellos son los que quedarán por siempre separados de Dios (Ap. 20:11-15). El *rechazo* personal y deliberado de Cristo constituye la base para el juicio eterno de Dios.

Consuélese con saber, sin embargo, que su hijo, que no pudo rechazar a Cristo como su Salvador ni pudo oponerse a Dios mediante malas obras, está ahora junto a Jesús en el cielo.

Aunque Dios permitió que la muerte asaltara su hogar, eso no significa que Él no lo ame. Resulta útil recordar que Él permitió que mataran a su Hijo a pesar de que su amor por Él va más allá de cualquier descripción o comparación. Mediante la muerte de Cristo, Dios otorgó el cielo a su hijo. También tiene un propósito (tal vez tenga varios) para la muerte de su hijo. Puede que en este momento le cueste creer esta verdad. Probablemente, dicho propósito no le resulte claro en absoluto. Confíe en Dios, y Él se hará muy real para usted en estos momentos de profundo pesar.

Puede que en esta vida nunca sepa por qué tuvo que sufrir una pérdida tan grande. Ahora, lo más importante que usted puede hacer, a pesar de las lágrimas, es aferrarse a Dios con todo su dolor y todas sus dudas. Él nunca lo dejará ni lo desamparará. Dios mismo le ha hecho esa promesa a usted (He. 13:5).

La base bíblica para el juicio eterno

Imagínese la siguiente escena. El apóstol Juan vio un "gran trono blanco" (Ap. 20:11). Dios estaba sentado en el trono. Quienes aparecieron ante el trono eran los muertos que no habían sido salvos, porque a los muertos salvos ya los había resucitado antes (v. 5). Todos los muertos que no eran salvos fueron llevados ante Dios Todopoderoso. Todos fueron juzgados "por las cosas que estaban escritas en los libros" (v. 12). Todos fueron juzgados "según sus obras" (v. 13). Todo el que compareció en este juicio "fue lanzado al lago de fuego" porque sus nombres no habían sido escritos en "el libro de la vida" (v. 15). La causa por la que sus nombres no aparecieron en el libro de la vida fue que ellos no habían creído, no habían recibido al Señor Jesucristo como su Salvador personal del pecado. Sus obras demostraron su condición de estar perdidos y separados de Dios.

Todo el que compareció ante el gran trono blanco fue juzgado según sus obras. En un día que aún no ha llegado, todo los impenitentes comparecerán primero ante Dios, en el gran trono blanco, en espera de su juicio. Podemos estar seguros de que aquel que murió sin poder creer no estará ahí.

Pero ¿cómo podemos estar tan seguros de ello? Ellos no tienen obras en su haber, no han hecho ni bien ni mal; por eso mismo. A todas luces, las bases de ese juicio que ha de tener lugar en el futuro serán las obras de los muertos. Igualmente claro resulta que todos los impenitentes y solo ellos comparecerán en este juicio. Como quienes murieron antes de poder creer no tienen obras en su haber, podemos estar seguros de que no comparecerán ante el gran trono blanco. Y dado que todo el que no es en Cristo de seguro comparecerá, podemos estar seguros de que los que no pueden creer no serán separados eternamente de Dios. Si no están entre los impenitentes ni comparecerán ante Dios en esta hora, concluimos que están entre los redimidos. ¡Con toda seguridad hay salvación para los que no pueden creer! Todos ellos van al cielo, no al infierno.

El único camino
al cielo

Aquellos que no pueden creer puede que sean hijos de padres cristianos o no. Pueden haber nacido en los Estados Unidos de América o en cualquier otra parte del mundo. Ni el lugar de nacimiento ni los padres suponen diferencia alguna respecto a la cuestión de su destino eterno. Sin lugar a dudas, la mayoría de los cristianos creen que aquellos a quienes no les es posible cumplir con los requisitos de Dios para la salvación y mueren bajo dicha condición pasan a ser salvos y dichosos en el cielo de Dios. Pero probablemente sea cierto que pocos de los que tienen ese punto de vista sepan, en realidad, *por qué* piensan así. Tarde o temprano, de una forma u otra, el problema del destino eterno de los que no pueden creer nos toca a la mayoría de nosotros. Nos convendría sentar las bases de nuestra creencia antes de enfrentarnos al problema nosotros mismos, ya sea dentro de nuestra propia familia o de la de algún amigo.

¿Cuántas vías hay para ir al cielo? ¡Solo una! Jesús dijo: "Yo soy el camino, y la verdad, y la vida" (Jn. 14:6). Solo existe una vía por medio de la cual los humanos podemos ser aceptados por Dios. Esa única vía es por medio de su Hijo, el Señor Jesucristo. Solamente Él es el Salvador, no existe otro. Lejos de Él, no hay salvación. Los pecadores, sin tener en cuenta su edad ni capacidad mental, deben unirse a Jesús el Salvador si quieren pasar la eternidad en el cielo de Dios. A menos que los beneficios de la sangre derramada del Redentor se apliquen a ellos, nunca pertenecerán a la familia de Dios y por consiguiente, no podrán entrar en el cielo.

Esta ha sido la esperanza de quienes creen en la Biblia. No seremos salvos mediante las obras justas que hayamos hecho o podríamos hacer, sino por la misericordia de Dios. Este ha sido y sigue siendo el centro de la predicación bíblica. Y así debe ser. La salvación no se basa en ningún mérito ni esfuerzo humano. ¡Todo es de Dios! Él es quien nos salva. Él es quien regenera al pecador por medio de Jesucristo, por medio del Espíritu Santo y la Palabra escrita de Dios.

También es opinión de la mayoría de los cristianos evangélicos que existe solo una condición que el pecador debe cumplir para ganarse la salvación en Cristo. La fe personal, la confianza individual, es expuesta en repetidas ocasiones en las Escrituras como la única condición humana para recibir la salvación. Se hacen 150 referencias a la fe como el único requisito para que el pecador sea salvo. "¿Qué debo hacer para ser salvo?", preguntó el carcelero filipense. Por medio del Espíritu, Pablo y Silas dieron la respuesta divina: "Cree en el Señor Jesucristo, y serás salvo" (Hch. 16:31).

A lo largo de las Escrituras, encontramos lo siguiente: la salvación la otorga Dios por gracia mediante la fe del hombre únicamente en la muerte expiatoria de Jesús. Y claro, millones han experimentado esta gran salvación. Han reconocido ser pecadores y a Cristo como el único salvador. Lo han aceptado como su propio sustituto, como el que pagó todo el precio por sus pecados.

La Biblia deja bien claro, también, que todos estamos invitados a beber gratuitamente del agua de la vida. La puerta de la gracia y misericordia de Dios siempre está abierta de par en par. Lo único que tiene que hacer el pecador es recibir al Salvador como suyo propio. En el cielo hay espacio para cuantos obedezcan el llamado del Espíritu y respondan a Su obra en su corazón. No se apartará a nadie que responda con fe a la salvación de Dios. Sí, es verdaderamente maravilloso que para cuantos reciben a Cristo como su Salvador del pecado, para ellos, para todos ellos, Dios otorga el derecho y el privilegio de ser sus hijos (Jn. 1:12).

¿Y los que no pueden creer, y por tanto, no pueden recibir a Cristo como Salvador? ¿Y los que mueren antes de tener la capacidad de tomar una decisión o los que se ven, durante toda su vida, incapacitados para responder a la magnífica gran invitación de Dios? ¿Ninguno de ellos podrá ir al cielo por no haber respondido al ofrecimiento de gracia de Dios cuando, de hecho, *no pudieron* responder? Ni por un instante lo creo. Opino que creer semejante cosa pone en entredicho el carácter mismo de Dios. Estoy firmemente convencido de que, más bien, todos los que han muerto sin jamás haber podido tomar la decisión de recibir a Cristo como Salvador son, de todas maneras, salvos en sus brazos.

Dios nunca llama a creer a los que no pueden creer. Ese reto se les presenta a quienes pueden creer. Dios invita a creer a quienes, de hecho, respondan a su invitación. ¿No sería una burla que Dios hiciera un llamamiento a todas sus criaturas y después las hiciera responsables de hacer algo que no podían hacer?

En todos los pasajes bíblicos que tratan el estado eterno de los que se pierden, solo se describe a los adultos capaces de tomar una decisión. Jamás se menciona a los bebés, ni a los niños pequeños ni a ningún otro que sea incapaz de tomar una decisión inteligente. El completo silencio de las Escrituras con respecto a la presencia de dichas personas en el tormento eterno apunta contra su estadía allí. Aunque hay que reconocer que este argumento parte del silencio, es un silencio persuasivo en el que hallamos consuelo.

Hace más de ciento cincuenta años, se grabó el siguiente poema en la lápida de cuatro bebés. El autor de estas líneas lucha por comprender las mismas cuestiones que nosotros.

Bajo esta lápida, yacen las cenizas de cuatro
*   infantes.*
Díganme, ¿se perdieron o fueron salvos?
Si la muerte es por pecado, pecaron,
*   porque aquí están.*
Si el cielo es por obras,
*   en el cielo no han de entrar.*
La razón, ¡ah! ¡cuán depravada!
Venere la página sagrada, el nudo se ha desecho;
Murieron porque Adán pecó,
*   viven porque Cristo murió.*[1]

El lugar
de la fe

Solo el Señor Jesucristo salva. Él es el Salvador. Ninguna buena obra ni la fe por sí misma salva. En la Biblia, la fe en Cristo es la única condición expresada para ser salvo, pero dicha condición solo es para quienes pueden profesarla, no para quienes no pueden. La obra del Espíritu Santo de Dios, tan imprescindible para nuestra fe y salvación, es ejercida sobre aquellos que pueden comprenderla y responder a ella. Muchos han muerto sin poder responder si aceptan o rechazan el ofrecimiento de Dios. ¿Cuál es el destino eterno de estos seres amados? Yo creo que son salvos en los brazos de Jesús. Allí los eclipsa su amor por toda la eternidad.

Ningún estudiante de las Escrituras que se precie duda de la necesidad de la fe en Cristo para la salvación de los que pueden profesarla. Pero ¿por qué las personas profesan su fe en Cristo? ¿Qué les motiva a hacerlo? ¿Lo deciden por sí mismos sin influencia externa? No. Según la Biblia, el Espíritu Santo de Dios cumple un papel fundamental en lograr que las personas se percaten de que necesitan al Salvador y en prepararlos para recibir a Cristo como su Salvador. En realidad, sin esta obra del Espíritu Santo, nadie creería jamás en el evangelio ni en las "buenas nuevas". Dios, el Espíritu Santo, mueve la voluntad testaruda de los individuos, permitiéndoles responder en fe al ofrecimiento de salvación de Dios. Jesús habló de esta obra divina en el corazón humano al decir: "Ninguno puede venir a mí, si el Padre que me envió no le trajere" (Jn. 6:44).

En ningún lugar de las Escrituras se nos dice que una persona se pierde porque el Espíritu de Dios no movió su voluntad. La condenación es siempre consecuencia del pecado del hombre y su obstinada rebelión contra Dios, rebelión que alcanza su clímax en el rechazo del Hijo de Dios como Salvador.

El Padre atrae a las personas hacia Él mientras que el Espíritu de Dios utiliza las Escrituras para condenar el pecado y finalmente traer vida al pecador que cree (Jn. 3:5; 1 P. 1:23). Pero este ministerio de la tercera persona del Altísimo no opera sobre quienes son incapaces de comprender la Palabra y responder a los reclamos de Cristo.

La fe no tiene mérito por sí misma. No aporta nada a la completa salvación que Cristo proporcionó. No es ninguna obra. "La fe no consiste en hacer nada, sino en recibir algo".[1] "La fe no es más que la actividad de recibir sin contribuir en nada a aquello que recibe".[2] La salvación que Dios ofrece al pecador es una salvación por gracia, completamente inmerecida. En la Biblia siempre se le considera un don (véase Ef. 2:8-9).

Estamos de acuerdo entonces en que la fe no tiene ningún mérito por sí misma, pero ¿qué tiene eso que ver con la interrogante que nos ocupa? ¿Cómo se relaciona este hecho con la interrogante de la salvación de los que no pueden creer? ¡Tiene mucho que ver! Como la fe no aporta nada, su ausencia en quienes no pueden profesarla no impide al soberano Dios cumplir en ellos todo lo que Él obra en aquellos que pueden creer y creen. Todo el que puede creer debe hacerlo para recibir vida eterna. Todo el que no puede creer recibe la misma vida eterna que Cristo proporcionó con su muerte, ya que no son capaces ni de recibirla ni de rechazarla. Dios da vida eterna gratuitamente a todos los que integran ambos grupos. Él justifica gratuitamente, no en pago a nada que le deba al pecador (Ro. 3:24). Ya que Él puede justificar gratuitamente a todo el que cree, obra igual con los que no pueden creer.

La muerte
de un niño
en la casa
del rey

El hijo del rey David y Betsabé murió. El niño había sido concebido en una relación adúltera. Durante su enfermedad, se hizo lo indecible para salvarle la vida, pero todo fue en vano. Ayunaron, oraron y lloraron mucho, pero el pequeño murió. Sufrieron dolor atroz y profunda pena, como se sufre cuando perdemos a alguien a quien queremos mucho. Inmediatamente después de que el niño muriera, David, el rey, admitió que no podía resucitar al niño de entre los muertos, pero a la vez sabía que su bebé estaba en el cielo y que un día se reuniría con él.

Hoy día, usted puede tener la misma seguridad que tuvo David, la seguridad de que su ser querido es salvo en el cielo.

David, el hombre tan próximo al corazón de Dios, había cometido un pecado grave. Era culpable de asesinato y adulterio.

Según la ley, ¡merecía la muerte! Pero como honestamente admitió su pecado, lo confesó y no endureció su corazón contra el Señor, no se ejecutó el castigo justo contra él.

A causa del pecado de David, los enemigos del pueblo de Dios, que eran también los enemigos de Dios mismo, blasfemaron contra el Dios de Israel. La vergüenza y el reproche cayeron sobre Dios y su pueblo. Nuestros pecados parece que siempre encuentran una vía para afectar a otras personas. De alguna manera, el honor y la justicia de Dios habrían de mostrarse ante sus enemigos. Esa es la razón por la que "Jehová hirió al niño que la mujer de Urías había dado a David, y enfermó gravemente" (2 S. 12:15). David entró en razón gracias a la Palabra de Dios, pronunciada por Natán. La tarea que Dios le dio a Natán era verdaderamente difícil. Más tarde, cuando David se encontraba a solas, abrió su corazón a Dios y oró porque le devolviera a su hijo, pero esta petición no le fue concedida. Al séptimo día, el niño murió (2 S. 12:18). Los siervos trataron de decidir qué hacer. Se reunieron para planear la estrategia. David los vio, los oyó susurrando y supuso acertadamente que el niño había muerto. Entonces dejó de ayunar y de orar, se lavó, se ungió y adoró al Señor (vv. 19-20). Los siervos no comprendían este repentino cambio en su conducta. Le preguntaron al respecto. La respuesta de David constituye uno de los grandes textos de las Escrituras que apoyan la salvación de quienes no tienen la capacidad de creer.

> Y él respondió: Viviendo aún el niño, yo ayunaba y lloraba, diciendo: ¿Quién sabe si Dios tendrá compasión de mí, y vivirá el niño? Mas ahora que ha muerto, ¿para qué

he de ayunar? ¿Podré yo hacerle volver? Yo voy a él, mas él no volverá a mí (2 S. 12:22-23).

La vida después de la muerte constituía una certeza para David. Creía firmemente que, en el futuro, volvería a estar junto a su hijo. Ni por un instante dudó de este hecho. David tenía una relación acertada con el Señor, ya que no cuestionó que pasaría la eternidad junto a Él. Tampoco tuvo duda alguna de que su bebé, a quien la muerte le arrebató antes de que pudiera decidir a favor o en contra del Dios de su padre, también estaría allí.

Algunos plantean que la declaración de David significaba sencillamente que algún día se uniría a su hijo en la muerte. Al igual que había muerto el niño, moriría el padre cuando le llegara la hora. Pero esta perspectiva no explica la reunión ni la comunión anticipada con su hijo que con tanta fuerza se sugieren en la afirmación y en el contexto. El acto de David de adoración en la casa del Señor resultaría inexplicable si la muerte de su hijo le recordara meramente su propia muerte, por demás, segura.

Esta explicación tan débil tampoco aclara la actitud distinta de David cuando su otro hijo, Absalón, murió. Después de que Absalón se hizo hombre, se rebeló contra Dios y pecó terriblemente. Hasta intentó apoderarse del reino de su padre, pero murió en combate. Cuando David se enteró de la muerte de su hijo, quedó desconsolado. Lloró amargamente. De hecho, hasta deseó haber muerto en lugar de su hijo (2 S. 18:33). Sin duda, David no estaba para nada seguro de la relación de Absalón con Dios ni, consiguientemente, de su futuro. De ahí su dolor y su llanto. Pero del hijo pequeño que murió sí estaba seguro. Tan seguro estaba David de la morada eterna de su hijo que sabía que se reuniría con él. Esta seguridad fue la que le permitió pasar del dolor a la oración de adoración.

Fue la idea de reunirse con su hijo muerto lo que animó a David, pero ¿dónde creyó él que se reunirían? ¿En el cementerio? ¿En el infierno? ¿En el cielo? Él creía que iba a ir al cielo después de morir y por consiguiente, su intención fue expresar su creencia de que su hijo había partido antes que él hacia esa morada bendita. La idea de encontrarse con su hijo en la inconsciente tumba no pudo haberlo consolado de manera racional, como tampoco la idea de reunirse con él en el infierno pudo haber alegrado su espíritu. Pero la idea

La muerte de un niño en la casa del rey

de reunirse con él en el cielo consta en sí
misma con el poder de convertir su dolor
en gozo.[1]

Quiero mucho a un pequeño
¡y Jesús también amó a los niños!
Les sonrió con dulzura
y los puso junto a sus pocos elegidos.

En brazos de su madre,
llevaron un bebé a los pies de Jesús.
Él le puso la mano en la cabeza
y lo bendijo con dulce promesa.

"Dejad a los niños venir —dijo el Salvador—,
no se lo impidáis;
porque de los tales es el reino de los cielos.
Como ellos han de ser mis seguidores".

Los niños son las gemas de la tierra,
las joyas más brillantes que poseen las madres.
Centellean en el pecho palpitante
pero más resplandecen más allá del sepulcro.[2]

*Preguntas que
hacen los padres*

Por lo general, resulta más sencillo hacer preguntas que responderlas. Sin duda, este estudio le ha creado interrogantes. Los padres que han perdido un hijo probablemente tengan más interrogantes que las que aquí se abordan. He intentado, no obstante, considerar los problemas más grandes relacionados con este tema y también me he dirigido a otros para escuchar sus dudas. Las que siguen son, en mi opinión, las que se plantean o en las que se piensa con más frecuencia respecto al destino eterno de los que no pueden creer.

Debemos cuidarnos del dogmatismo en nuestras respuestas. Las Escrituras no siempre abordan las interrogantes que tenemos. Tanto si Dios ha elegido darnos la información que queramos como si no, hemos de depositar en Él nuestra completa confianza y fe. Ojalá que el siguiente debate resulte de utilidad para incrementar nuestro conocimiento sobre diferentes cuestiones complicadas.

¿Qué pasa con aquellos a quienes no ha llegado el evangelio?

Si quienes son incapaces de decidir reciben vida eterna al morir, ¿dónde quedan los que a la hora de su muerte son capaces de tomar dicha decisión pero jamás han oído de la buena nueva de la salvación?

¿Los motivos para creer en la salvación del primer grupo no se aplican al segundo? Yo creo que no, por las siguientes razones.

Dios ha dado a todos la revelación de sí mismo tanto en la naturaleza como en la conciencia (Sal. 19:1-6; Ro. 1:20); por consiguiente, los adultos no tienen excusa. Incluso en los lugares donde no se ha escuchado el evangelio ni el nombre de Cristo, se ha dado la revelación de Dios en la naturaleza y la conciencia. Pablo describió a quienes rechazan la revelación y la respuesta de Dios a dicho rechazo: Dios los entregó (Ro. 1:24-32). Dios revela la verdad al corazón abierto. Cuando los humanos rechazan la simple revelación de Dios en la naturaleza y la conciencia, manifiestan también su rechazo a la gran revelación de Dios en Cristo.

En los lugares donde el evangelio no ha llegado, Dios hace responsable a las personas de recibir la revelación que Él les ha dado. Soy de la creencia de que cuando la reciben, Él, en gracia soberana, se encarga de que la buena nueva de la única salvación en Cristo llegue a sus oídos para que puedan creer y ser salvos. La respuesta al mensaje de Dios en la naturaleza y la conciencia no trae salvación, pero revela la voluntad de responder a Dios. Da evidencia de tener un corazón abierto y receptivo.

Cuando una persona que vive en una tierra en la que no se ha escuchado el evangelio alcanza el nivel en el que puede responder a la revelación de Dios en la naturaleza y la conciencia, para dicha persona deja de ser imposible creer. A partir de ese momento, la persona se hace responsable de lo que hace con lo que sabe. Aquellos para quienes es imposible responder a la revelación de Dios en la naturaleza o a su Hijo, son salvos al morir, independientemente de si vivieron en un lugar al que había llegado el evangelio o no.

¿Qué sucede con los fetos que mueren a causa de un aborto espontáneo o provocado?

Una de las vivencias más difíciles a la que los futuros padres pueden enfrentarse es a la pérdida del hijo a causa de un aborto. El desear que nazca el bebé, que comience una vida nueva y compartir su amor con ese niño es una experiencia preciosa y emocionante. Un aborto priva de ese gozo a los padres; y yo siento mucha pena por todos los que han pasado por un momento tan difícil.

Basándome en lo que nos enseñan las Escrituras acerca del propósito de Dios para la vida de los humanos y en lo que conocemos hoy sobre el feto humano, creo que el feto es una persona. Creo que la vida de una persona, conocida y amada por Dios, comienza en el momento de la concepción. Como tal, Dios cuida de la vida de ese ser humano de la misma manera que cuida del bebé que muere, del niño un poco mayor o del adulto que no ha podido tomar la decisión consciente de recibir a Cristo. Dios aplica la obra terminada de Cristo a esas personas. Los acepta en su presencia porque Cristo murió por ellos y son salvos en los brazos de Jesús.

El aborto provocado ocasiona la muerte de una persona, no la mera pérdida de un pedazo de tejido humano sin forma. En algunos casos muy excepcionales, puede que el doctor tenga que elegir entre la vida del feto y la de la madre. La mayoría de los abortos hoy día, sin embargo, son llevados a cabo porque la mayoría de las madres (y los padres) eligen acabar con la vida de su hijo, aún sin nacer, sin tener ninguna razón moralmente defendible para hacerlo. Miles y miles de mujeres han tomado esta decisión para después arrepentirse de sus actos. Muchas de ellas han llegado a darse cuenta de que, a pesar de sus actos, Dios las ama y han encontrado el perdón y la paz solo al volverse a Cristo en fe.

Soy de la creencia de que Dios, al igual que tiene cuidado de esos bebés que murieron a causa de abortos espontáneos, tiene cuidado de los que se perdieron a causa de abortos provocados. La elección de abortar no cambia el hecho de que Dios tenga cuidado misericordioso de los que no pueden creer. A la hora de su muerte, ellos son salvos en los brazos de Jesús.

¿Y los ángeles guardianes?

En ningún lugar de las Escrituras se menciona el término "ángel guardián". Ello no significa, por supuesto, que dichos seres no existan. El término se refiere por lo general a los ángeles santos a quienes Dios encomienda que vigilen a los bebés y a los niños pequeños. Los artistas cristianos han visualizado a menudo dicho concepto.

Las Escrituras nos enseñan claramente sobre la existencia de los ángeles santos. Los ángeles son seres espirituales, los mensajeros de Dios. La adoración y el servicio a Dios son sus principales funciones. Como "espíritus ministradores, enviados para servicio a favor de los que serán herederos de la salvación" (He. 1:14), estos emisarios angelicales tienen, como misión principal, vigilar y cuidar de los hijos de Dios (1 R. 19:5; Sal. 91:11; Dn. 6:22; Mt. 2:13, 19; Hch. 5:19).

La cuestión no es si los ángeles ministrarán a quienes serán herederos de la salvación o no. Las Escrituras claramente dicen que sí (He. 1:14). Más bien, la cuestión es cuándo comenzará dicho ministerio. No se nos advierte del punto de partida definitivo de esta obra.

Parecería natural, sin embargo, que empezara justo cuando comienza la vida. Si no fuera así, esperaríamos que se nos dijera cuándo comienza.

Resulta difícil determinar si a un ángel (o a más de uno) se le asigna un bebé determinado o si existe sencillamente un ministerio general de todos los ángeles de vigilar y cuidar a todos los pequeños. Podemos estar seguros, no obstante, de que los ángeles llevan a cabo un ministerio sobre todos los que son herederos de la salvación.

¿Cómo son los bebés en el cielo?

En el presente libro, hemos expuesto y defendido la postura de que todo el que no puede creer recibe vida eterna al morir. A menudo se plantea la interrogante de cómo serán estos individuos en el cielo. Los bebés y los niños pequeños, por ejemplo, ¿seguirán siendo bebés y niños allí? Los padres ansiosos les preguntan a menudo a sus pastores, seres queridos o amigos íntimos: "¿Veré a mi hijo en el cielo?" Algunos estudiosos de las Escrituras creen que los bebés y los niños continuarán siendo así en el cielo. J. Vernon McGee lo plantea de la siguiente manera:

> ¿Serán nuestros hijos iguales a la última
> vez que los vimos? No lo sé ni lo puedo

demostrar basándome en las Escrituras (ya que las Escrituras guardan silencio al respecto), pero creo con todo mi corazón que Dios resucitará a los pequeños tal y como son y los brazos de las madres que tanto han sufrido su ausencia, tendrán la oportunidad de sostenerlos. Las manos de los padres que nunca tocaron las manitas recibirán por fin dicho privilegio. Soy de la creencia de que los pequeños crecerán en el cielo bajo el cuidado de sus padres terrenales, si (los padres) son salvos.[1]

Es cierto que reconoceremos a nuestros seres queridos en el cielo. En nuestra vida futura junto a Dios, nuestro conocimiento aumentará. Seguramente, nuestra capacidad de reconocer no será menor que la que tenemos ahora. Pero que los bebés también sean bebés en el cielo es otra cuestión.

A partir de la información general que aparece en la Biblia, sabemos que la edad no será un factor en el cielo. Lo más probable es que todos tengan la misma edad y madurez. No sabemos, claro está, qué edad tendrán. Pero sí sabemos una cosa que nos ayuda a dar respuesta a la interrogante que se nos plantea. A lo largo de toda la eternidad, todos los ocupantes del cielo darán a Dios alabanza y adoración sin fin (Sal. 48:1; Fil. 4:20; He. 13:21). Ello significa, por supuesto, que todos tendremos que tener edad suficiente para hacerlo.

Que los padres tengan o no a sus bebés en el cielo con la misma edad con la que partieron no es realmente lo más importante. El cielo será maravilloso porque el Señor está ahí. Jesús resucitó de la tumba en cuerpo físico. Lo reconocieron y lo tocaron. En ese mismo cuerpo, ascendió y regresó junto al Padre. Cuando Él se manifieste, todos seremos semejantes a Él (1 Jn. 3:2). Ello significa que todos los ocupantes del cielo serán conocidos. De ahí se deduce, pues, que se podrá reconocer a todos los que estén en el cielo.

¿Y si mi bebé no estaba bautizado?

El significado del bautismo de agua está determinado, en gran parte, por lo que se cree sobre bautizar a los bebés. Quienes ven el bautismo como un don de Dios, un ofrecimiento concreto y real de vida divina, creen, por supuesto, que los bebés deben ser bautizados. ¿Por qué no? Partidarios de esta opinión concuerdan con la creencia de Kurt Marquart: "¿Por qué privar a los pobres bebés de su maravillosa bendición? Después de todo, como seres humanos pecadores, necesitan de este baño celestial y vivificador".[2]

Por otra parte, quienes ven el bautismo de agua del Nuevo Testamento como un signo externo de una obra de gracia interior, un testimonio visible que simboliza la muerte, el enterramiento y la resurrección del individuo con Cristo, creen que bautizar a los bebés es innecesario y que no está contemplado en las Escrituras. Los que opinan que los bebés se deben bautizar, consideran que el rito es la contrapartida que ofrece el Nuevo Testamento a la circuncisión del Antiguo Testamento. No obstante, ningún pasaje de las Escrituras plantea esto. Apelan también, en busca de apoyo bíblico a su perspectiva, a pasajes como Hechos 2:39. Pedro dijo a los judíos: "para vosotros es la promesa, y para vuestros hijos". Las palabras de Cristo: "Dejad a los niños venir a mí, y no se lo impidáis" (Mt. 19:14), se utilizan también para apoyar el bautismo de los bebés. Ningún pasaje de las Escrituras que se utiliza para apoyar dicha doctrina, la apoya realmente. Louis Berkhof defiende el bautismo de los bebés en su obra *Systematic Theology* [Teología sistemática]. No obstante, dice: "Podemos comenzar diciendo que no existe ningún mandamiento explícito en ningún caso en que se diga claramente que se debe bautizar a los niños".[3]

El consenso general de hoy día entre los estudiosos de historia y de la Biblia es que el bautismo de los bebés comenzó alrededor del 200 d.C. La práctica se basa mayormente en la tradición, y no en los planteamientos de las Escrituras. Ninguna enseñanza bíblica exhorta al bautismo de bebés.

Y lo más importante es que la salvación no se le confiere a nadie por medio del bautismo de agua. Nadie, ni adulto ni bebé, ha sido ni será salvo gracias a las aguas del bautismo, ya se haya utilizado mucha o poca agua. Todo aquel que se ha librado de la ira venidera, lo ha hecho por medio de Cristo solamente. Solo Él puede salvar y salva las almas.

¿Cuándo serán salvos lo que no pueden creer?

De las Escrituras aprendimos que, a los ojos de Dios, todos somos culpables al nacer. Todos necesitamos vida divina. Todos necesitamos que la obra de Cristo se nos aplique. La Biblia no nos dice exactamente cuándo vendrá la salvación para los que no pueden creer. Solamente podemos estar seguros de que pasarán la eternidad en el cielo, junto a Dios. Parece lógico concluir que su salvación les llega a la hora de la muerte.

¿Ha elegido Dios a todos los que morirán antes de poder creer?

La Biblia nos enseña claramente que Dios da el

primer paso hacia la salvación de un individuo. Dios nos escogió "en él antes de la fundación del mundo" (Ef. 1:4). Dios nos predestinó "para ser adoptados hijos suyos por medio de Jesucristo, según el puro afecto de su voluntad" (Ef. 1:5). Pedro escribió que los creyentes eran "elegidos según la presciencia de Dios Padre" (1 P. 1:2). Sin embargo, no es la elección de Dios en la eternidad lo que trae vida eterna al pecador. Dicha vida llega solamente cuando la obra terminada de Cristo se aplica al individuo. Las Escrituras afirman por doquier que el individuo ha de apropiarse de la obra terminada de Cristo antes de que llegue la salvación. Dios, en gracia soberana, obra así por los que no pueden creer cuando les llega la muerte.

Por lo tanto, la interrogante sería: ¿Escoge Dios a todos los que mueren antes de ser capaces de tomar la decisión para ser salvos? Partiendo del hecho, como hemos descubierto en nuestro estudio hasta el momento, de que la evidencia bíblica apoya la salvación de los que no pueden creer, hemos de llegar a la conclusión de que Dios escoge a todos estos individuos para que sean salvos. Nadie que no haya sido escogido, que el Padre no haya entregado a Cristo, irá al cielo (Jn. 6:37).

Todos los que mueren sin poder creer van al cielo, por consiguiente, se encuentran entre los que el Padre ha dado a Jesús. Concluimos, entonces, que Dios escoge, bajo su mano soberana, a todos los que mueren sin poder creer para ser herederos de la salvación. Él sabe todas las cosas, conoce el final desde el inicio. Solo Él da y quita la vida. Como Él es bueno y hace todas las cosas bien, esta conclusión se basa sólidamente en su Persona Sagrada y se encuentra en completa armonía con ella.

¿A qué edad somos responsables?

Fácilmente podríamos formular la pregunta de la siguiente manera: ¿A qué edad es posible creer en Cristo? No se puede dar una respuesta definitiva. La edad no es la misma para todos. Ciertamente, llega un momento en el que todo el que posee una mente sana, se convierte en completo responsable de sus actos ante Dios. Existen muchas opiniones con respecto a cuándo llega dicho momento, pero eso es todo lo que son: opiniones. La Biblia no da respuesta a esta interrogante. Santiago 4:17 se acerca más que ningún otro pasaje pero no especifica la edad: "y al que sabe hacer lo bueno, y no lo hace, le es pecado".

Quizá Dios no nos diera una "edad de responsabilidad" porque para todos es distinta. Además, si Él nos hubiera dado una edad específica, probablemente no nos preocuparíamos por que los niños oyeran el evangelio antes de tiempo.

Existen muchos testimonios de aquellos que fueron salvos a una edad temprana, pero no todos los niños son capaces de tomar decisiones. Depende en gran medida de la habilidad y el entrenamiento que tenga la mente del niño. Jonathan Edwards, un gran predicador puritano de los Estados Unidos de América, fue salvo a la edad de ocho años. Richard Baxter, el gran predicador inglés, se convirtió a la edad de seis años. El famoso compositor de himnos Isaac Watts alcanzó la fe en Cristo cuando tenía nueve años.

El fragmento anterior brinda esperanza y consuelo a quienes la muerte les ha arrebatado a su pequeño o a alguien que fuera incapacitado mental. Si no tenían capacidad de comprender y, por consiguiente, de aceptar o rechazar a Cristo, podemos estar seguros de que todos son salvos en los brazos de Jesús.

¿Qué va a pasar cuando el Señor regrese por los suyos?

Cuando el Señor regrese, resucitarán los muertos en Cristo, a los que se aplica su obra terminada y que, por tanto, son miembros de su cuerpo. Los santos vivos, aquellos a quienes también se aplica la obra terminada de Cristo, se unirán a ellos para recibir juntos al Señor en el aire (1 Ts. 4:13-18). Los muertos saldrán de sus tumbas con cuerpos glorificados. Es decir, tendrán cuerpos que no envejecerán ni se deteriorarán. Serán incorruptibles e inmortales. Los que estén vivos cuando todo esto suceda, también cambiarán. Ellos también recibirán cuerpos glorificados, pero sin sufrir muerte física (1 Co. 15:51-58). Todo el que vaya junto al Señor será como Él. Recibirán cuerpos glorificados cuando lo vean tal como es (1 Jn. 3:2). "Sorbida es la muerte en victoria. ¿Dónde está, oh muerte, tu aguijón? ¿Dónde, oh sepulcro, tu victoria?" (1 Co. 15:54-55).

La interrogante que se nos plantea es la siguiente: ¿Qué pasará con los que no puedan creer y estén en la tierra cuando Él regrese por los suyos? Algunos aspectos de esta pregunta no cuentan con una respuesta definitiva según las Escrituras. La Biblia sencillamente no nos dice con tantas palabras cómo se relacionarán los que no crean con este gran acontecimiento.

No obstante, basándonos en lo que hemos descubierto sobre el destino eterno de los que no pueden creer, podemos suponer con certeza algunas cosas.

Los que han muerto sin poder creer, sin duda serán resucitados junto con los demás en Cristo. El problema está en los que aún viven pero no pueden creer y en los que aún se encuentran en el vientre de su madre. ¿Qué ocurrirá con estos individuos cuando venga Jesús? La Biblia nos enseña que la vida del individuo comienza en el momento de la concepción. Los padres transmiten a su hijo tanto su contenido material como inmaterial: espíritu, alma y cuerpo. Todos los genes y cromosomas del individuo, junto con toda la información genética, están presentes en el momento de la concepción. En la Biblia, hasta se insinúa la existencia de la conciencia prenatal (véase Gn. 25:22-23; Lc. 1:41, 44).

Las mujeres embarazadas que son salvas serán arrebatadas cuando Jesús venga por los suyos. Es lógico pensar que sus hijos, aún sin nacer, tomarán parte en la transformación física que ocurrirá a la venida del Señor. ¿Y las mujeres embarazadas que no sean salvas? No cambiarán pero permanecerán en la tierra para pasar el período de la gran tribulación (Ap. 6-19). ¿Y qué de sus hijos aún sin nacer?

ɛ Sabemos que habrá gran sufrimiento en la tierra mientras atraviesa un periodo de tribulación sin paralelo. Jesús mencionó específicamente a las futuras mamás cuando habló al respecto (Mt. 24:19). A pesar de las elecciones de sus madres de no aceptar a Cristo, todos los niños nacidos durante el periodo de tribulación están protegidos por gracia. No son diferentes a ningún otro niño que no tenga la capacidad de creer.

¿Y los que no puedan creer, que estén vivos cuando el Señor regrese, y cuyos padres sean salvos? ¿Irán los padres junto al Señor mientras sus hijos se quedan en la tierra? ¡No lo creo! Al igual que los que estén vivos al regreso del Señor experimentarán una conversión espiritual en vez de una muerte física, parece lógico concluir que aquellos que son incapaces de creer se verán unidos al Señor, al igual que quienes confiaron en Jesucristo como su Salvador individual. No creo que Dios vaya a dividir las familias llevándose consigo a los padres y dejando a sus hijos, que no pueden creer, para que sufran su ira durante la tribulación. Ciertamente, habrá separaciones cuando el Señor regrese, pero serán entre quienes confiaron en Cristo y quienes no confiaron en Él. No es probable que las separaciones se produzcan entre padres salvos y sus hijos, incapaces de creer.

Próxima a un sepulcro, llorando me arrodillé
y sentí la presencia de alguien mientras oraba.
Me voltee hacia Jesús que, de pie, cerca estaba.
Dijo: "¡No tengas temor!"

Preguntas que hacen los padres

"Señor, tú has conquistado la muerte, lo sé;
resucita y vuelve a la vida", dije:
"A esta pequeña a quien tanto amamos".
Dijo: "¡No ha muerto!"

"¿No ha muerto? Ese pensamiento poco consuela.
Nuestros brazos vacíos no pueden abrazarla.
Ahora vive lejos, contigo".
Dijo: "¡Pero yo estoy aquí!"

"¿No se pierde quien vive en ti?
El dolor dice que es imposible,
Pero la esperanza pregunta qué debe
el corazón hacer".
Dijo: "¡Permaneced en mí!"

—Basado en un poema de
Rossiter W. Raymond

Cosas de las que hablan los padres

Bendito sea el Dios y Padre de nuestro Señor Jesucristo, Padre de misericordias y Dios de toda consolación, el cual nos consuela en todas nuestras tribulaciones, para que podamos también nosotros consolar a los que están en cualquier tribulación, por medio de la consolación con que nosotros somos consolados por Dios (2 Co. 1:3-4).

El apóstol Pablo escribió las palabras anteriores al pueblo de Dios cuando estaban sufriendo. También están destinadas a las madres y padres que han aceptado a Cristo como su Salvador.

Aunque su pequeño, arrebatado de su lado por la muerte, esté ahora en el cielo junto a Dios, no hay duda de que usted siente un vacío doloroso en su corazón deshecho. Ello es perfectamente normal y comprensible. Sin duda, solamente quienes han perdido en muerte a alguien sangre de su sangre saben cuán dura es una pérdida así. Ahora, como nunca antes, usted necesita y quiere seguridad y consuelo de Dios. Las palabras vacías e infundadas que de alguna manera le hacen a usted o a otros responsables de su propia recuperación, le dejan frío e indiferente.

"Sé fuerte".

"Después de la tormenta viene la calma".

"Estamos contigo".

Estas y otras palabras bien intencionadas pueden incluso aumentar su remordimiento y pena en las horas y los días de soledad.

Lo que usted necesita es escuchar las palabras de su Padre celestial. Por duro que le resulte, si usted quiere aliviar su alma angustiada, no debe dudar de que Dios es bueno. Como Robert T. Ketcham dijo tan acertadamente cuando estaba sumido en el dolor por la muerte de un ser querido: "Tu Padre celestial es demasiado bueno como para ser cruel y demasiado sabio como para equivocarse".

Eso mismo dijo Nahum, el profeta, de Dios. Justo cuando describía el gran poder de Dios, su ira contra el pecado y la seguridad de su juicio futuro, Nahum escribió las siguientes palabras: "Jehová es bueno, fortaleza en el día de la angustia; y conoce a los que en él confían" (Nah. 1:7). El salmista expresó la misma verdad de Dios cuando dijo con respecto a Él: "Bueno eres tú, y bienhechor; enséñame tus estatutos" (Sal. 119:68). En toda la Biblia, se da a conocer la verdad de la bondad de Dios. Usted tiene que aferrarse a esa verdad por fe.

Dios no comete errores. Puede que ahora le parezca lo contrario, pero Dios no ha perdido el control. La muerte de su hijo no fue un accidente desde el punto de vista divino. En su sabiduría y amor infinitos, su Padre celestial permitió la muerte de su querido hijo. Cuando Él lo decida y en la manera en que Él lo decida, obrará para que lo que usted sufrió sea para la propia gloria de Él y el bien de usted (Ro. 8:28). Él lo sabe todo, incluso su pena y sus lágrimas amargas. Y no solamente lo sabe, también se preocupa. Él tiene cuidado de *usted* (1 P. 5:7).

Alguien que sabía cuánto duele perder a un ser querido, preguntó y respondió correctamente a la interrogante natural:

> *¿Tiene Jesús cuidado si he dicho adiós*
> *al ser que más amaba en la tierra*
> *y mi triste corazón está dolorido, casi al punto*
> *de romperse?*
> *¿Le importa a Él? ¿Acaso ve?*
>
> *Oh, sí, Él tiene cuidado. Yo sé que lo tiene.*
> *Mi pena conmueve su corazón.*
> *Cuando los días son tediosos y las largas noches*
> *deprimentes,*
> *yo sé que mi Salvador tiene cuidado.*[1]

Ahora que su tesoro más preciado está en el cielo, ese lugar que Jesús le tiene preparado tendrá más importancia que nunca para usted. Su Padre celestial quiere que usted se apoye en Él siempre. Él es fuerte. Él puede levantarlo y lo hace, confíe en Él entonces. Lleve a Él su carga pesada y déjesela. Háblelo con Él. Cuéntele exactamente cómo se siente. Él lo ama con amor interminable. Vaya a Él tal como es, con todas sus dudas, y todo su dolor, ansiedad, preocupaciones, miedos y frustraciones.

Tal vez como nunca antes, usted se dé cuenta por medio de esta experiencia de que Dios es en verdad soberano. Él tiene todo el derecho de hacer lo que considere mejor. Nosotros solo somos los administradores y no realmente los dueños de sus dones para con nosotros. Quizás esta experiencia le dé la ocasión de autoanalizarse y analizar sus propios valores en la vida. Después de todo, algunas cosas que usted pensó que eran de gran valía, en realidad no lo son tanto. La muerte de alguien que no podía creer, sin duda le recordó la necesidad de someterse más a Dios. Siga esos impulsos buenos y entréguese a Él completamente.

Cuando el dolor nos golpea, como cuando muere un ser querido, por lo general ocurre una de estas dos cosas: O se asienta la amargura y crece hasta endurecer el corazón o la experiencia ayuda a reafirmar y desarrollar la madurez. Tenemos que elegir cuál de las dos será. Es normal preguntarle a Dios: "¿Por qué a mí?" Y no es malo preguntar por qué, pero es mejor preguntar: "¿Qué quieres tú que aprenda de esta experiencia tan dura?" Si usted no deja de preguntar *por qué*, puede que sea testigo de cómo usted mismo se amarga. Pero cuando pregunta *qué*, está allanando el terreno al crecimiento.

Lo ideal es que nuestra fe, nuestro amor y nuestra confianza en Dios tengan cimientos tan sólidos que cada experiencia de nuestras vidas fortalezca nuestra fe en vez de debilitarla. Sería muy inteligente prepararnos para el dolor antes de que llegue abrazando la verdad de la bondad y la sabiduría de Dios. Las experiencias positivas de la vida son los mejores momentos para llegar a conocer a Dios. Entonces, cuando nos encontremos inmersos en un valle de angustia, el camino será más fácil y la carga más ligera de llevar. Sabremos, por experiencia propia, que Dios está con nosotros en todo momento.

Muchos cristianos desaprovechan las oportunidades de conocer a Dios antes de que los golpeen los problemas y juicios. ¿Qué puede hacer si el mundo se derrumba a su alrededor y usted no está ni remotamente preparado? ¡Aún hay esperanza! La invitación de Dios sigue en pie para sus hijos. Jamás hace oídos sordos al más mínimo clamor de los suyos. Aunque no podamos comprender por qué hemos sido llamados a atravesar abismos de aguas, hemos de aceptar el testimonio de la Biblia de la bondad, el amor y la sabiduría de Dios.

A pesar de todas sus dudas, miedos y penas, descanse en Dios, su Padre celestial. Todos debemos reconocer que no entendemos muchas de las actitudes de Dios, pero es importante que no lo perdamos de vista en las horas más negras ni en las aguas más abismales. Dios no es cruel, Él es infinitamente bueno e infinitamente sabio. Aférrese a esta verdad y recuérdesela a Satanás cuando lo bombardee con dudas y miedos.

Intente, con todo su esmero, aprender y sacar provecho de su experiencia para la gloria de Dios. Trate de recibir de Dios lo que Él quiere para usted en su pérdida. Él se llevó a su ser querido porque necesitaba otra joya en el cielo.

He aquí yo estoy con vosotros todos los días, hasta el fin del mundo (Mt. 28:20).

Y Jehová va delante de ti; él estará contigo, no te dejará, ni te desamparará; no temas ni te intimides (Dt. 31:8).

Marilyn McGinnis, una madre a quien la muerte

le arrebató a su bebé, reconoció que el proceso de adaptación fue muy difícil. Ella propuso los siguientes cuatro pasos para ayudar a hacerlo menos arduo:

El primer paso es enfrentar la muerte del niño sin resentimiento. Culpar a Dios no servirá de nada, solamente empeora las cosas. En este mundo suceden muchas cosas que no comprendemos en el acto, pero tenemos la seguridad de que todo encaja en el plan de Dios para nuestras vidas. [...] El segundo paso es pedir a Dios que utilice para Su gloria la pérdida que usted sufrió. Se asombrará del resultado. [...] El tercer paso es estar alerta a las maneras en que usted puede ayudar a alguien más que haya sufrido una pérdida similar. [...] El cuarto paso es dejar que la cualidad curativa del dolor haga efecto en usted. Llore todo lo que necesite. Dios le otorgó lágrimas por una razón, pero cuando termine de llorar, no lo haga más. Visitar a diario el cementerio y quejarse por la vida que perdió le hará más daño que bien. El dolor prolongado termina por convertirse en neurosis.[2]

No tenga miedo de llorar. Recuerde que Jesús lloró también cuando murió su amigo Lázaro. El dolor que se expresa es de naturaleza curativa. Llore hasta que no necesite llorar más y, entonces, deje de hacerlo. Cuanto más rápido retome el curso de su vida y tienda la mano en busca de los demás, mejor para usted. Usted no puede cambiar el pasado, ninguno de nosotros puede, pero todos podemos aprender de él y continuar viviendo, haciendo frente al futuro.

Tal vez Dios quiera que usted sea más fiel al criar a sus otros hijos en un hogar cristiano devoto. ¿Saben los miembros de su familia que Cristo es su Salvador individual? Pida a Dios que lo use para llevarles el evangelio a ellos, así como a otros niños que usted conozca y que tengan edad suficiente para entender su necesidad de aceptar a Jesucristo. Asegúrese de que todos los miembros de su familia que pueden creer sepan que deben creer antes de recibir vida eterna. ¿Por qué no seguir las instrucciones que Moisés dio a los hijos de Israel?

> Y amarás a Jehová tu Dios de todo tu corazón, y de toda tu alma, y con todas tus fuerzas. Y estas palabras que yo te mando hoy, estarán sobre tu corazón; y las repetirás a tus hijos, y hablarás de ellas estando en

tu casa, y andando por el camino, y al acostarte, y cuando te levantes (Dt. 6:5-7).

No espere un mejor momento para enseñarles el evangelio a sus hijos. Usted sabrá, quizás mejor que cualquier otro, cuándo serán capaces de comprender que son pecadores. Solo Cristo es el camino a la salvación y deben aceptarlo personalmente como su propio Salvador, su sustituto en el pecado. Pida sabiduría a Dios para identificar el momento justo y la manera adecuada de enseñarles a sus hijos las demandas de Cristo.

Un amigo, Frances Saville, me envió el siguiente artículo. No he logrado averiguar cuándo ni dónde se publicó por primera vez. Todo lo que sé es que lo escribió Danny Dutton, un niño de ocho años, cuando le asignaron como tarea escribir un ensayo acerca de "Dios".

El concepto de Dios de un niño

Una de las tareas principales de Dios es hacer personas. Las hace para sustituir a las que mueren con el fin de que haya suficientes personas para hacerse cargo de las cosas aquí en la tierra. No hace adultos, solo bebés. Me imagino que es así porque son más pequeños y más fáciles de hacer. De este modo, no tiene que emplear su valioso tiempo en enseñarlos a hablar y a caminar. Deja esta tarea para las madres y los padres. Creo que le sale bastante bien.

La segunda tarea más importante de Dios es escuchar las oraciones, que son muchísimas, porque hay personas, como los pastores, que oran a otras horas además de antes de irse a la cama. Por culpa de esto, Dios no tiene tiempo de oír la radio ni ver la televisión. Él lo oye todo, no solo las oraciones. Debe ser terrible el ruido que siente en sus oídos, a menos que haya pensado en una forma de bloquearlo.

Dios lo ve todo y lo oye todo y está en todas partes. Eso le mantiene muy ocupado. Por eso, no debemos desperdiciar su tiempo pasando por alto lo que nos dijeron nuestros padres para pedirle algo que ellos ya nos negaron.

Jesús es el Hijo de Dios. Él hacía todo el trabajo duro, como caminar sobre el agua, hacer milagros y tratar de enseñar a los que no querían aprender sobre Dios. Al final, se cansaron de su predicación y lo crucificaron. Como era bueno y cariñoso como su Padre, Él le dijo a su Padre que ellos no sabían lo que estaban haciendo y Dios le dio la razón. Su Padre le agradeció todo lo que había hecho y la obra que había realizado en la tierra y le dijo que no tendría que salir nunca más, que podía quedarse en el cielo. Y así lo hizo. Ahora, ayuda a su Padre a escuchar oraciones. Uno puede orar a cualquier hora que desee, que siempre lo escuchan, porque lo han arreglado todo para que en todo tiempo esté uno de los dos de guardia.

No se debe faltar nunca a la Escuela Dominical, porque ello alegra a Dios, y si hay alguien que deseamos que esté contento, es Dios. No se debe faltar a la Escuela Dominical por hacer algo que uno considera más divertido, como ir a la playa. Eso está mal. Además, el sol no sale en la playa hasta el mediodía. Si uno no cree en Dios, además de ser ateo, estará muy solo porque sus padres no pueden acompañarlo a todas partes, como a los campamentos, pero Dios sí puede. Es un alivio saber que Él anda cerca cuando se tiene miedo a la oscuridad y cuando no se es muy buen nadador y otros niños más grandes lo tiran a uno en lo más profundo del agua. Pero no solo se puede pensar en lo que Dios puede hacer por cada uno. Pienso que Dios me puso aquí y me puede llevar en cualquier momento que le plazca. Es por eso que creo en Dios.

Qué maravilloso privilegio tenemos, como madres y padres, al poder explicar a nuestros hijos cómo es verdaderamente Dios y cómo ellos pueden llegar a conocer a Jesús como su Salvador y amigo.

*El cielo
y usted*

No están muertos los seres queridos que están
más allá de donde alcanzamos a ver por ahora.
No han si no alcanzado la luz, mientras nosotros
andamos a tientas
en medio de una oscuridad que no nos deja verlos
sonreír.

No están muertos. De ellos es la vida más plena,
de ellos es la victoria, el gozo, el triunfo;
para nosotros quedan aún la espera y las luchas,
para nosotros, la soledad; para nosotros, el dolor.

Déjanos rodearnos, entonces, de esperanza
y dales sonrisa tras sonrisa mientras nosotros
esperamos;
y afectuosos, sirvientes, cuando llame nuestro Padre
iremos a encontrarnos con nuestros seres queridos
que nos esperan a las puertas.[1]

Es un consuelo pensar que nuestros seres queridos nos esperan "a las puertas". Pero ¿y si usted es un padre que nunca ha aceptado a Cristo como su sustituto en el pecado? ¡Tiene que saber que según la Biblia solo hay una vía para la salvación! Dios exige perfección. Para entrar en el cielo, hay que ser tan bueno como Dios. Imposible, pensará usted. ¡Tiene razón! Nunca podremos alcanzar por nosotros mismos la norma que Dios exige. Ninguna obra buena ni todas las obras buenas que pudiéramos hacer combinadas nos harían aptos para el cielo. Todas las personas son pecadoras por naturaleza y por elección. Todos nacemos con la mancha del pecado y la culpa heredados. Pablo, el apóstol, lo plantea de la siguiente manera: "Como está escrito: No hay justo, ni aun uno; no hay quien entienda, no hay quien busque a Dios. Todos se desviaron, a una se hicieron inútiles; no hay quien haga lo bueno, no hay ni siquiera uno" (Ro. 3:10-12).

La paga del pecado es la muerte (Ro. 6:23). ¿Cuál es la solución, entonces, para este estado en el que, al parecer, no hay esperanzas? ¡Jesucristo es la solución! Él, que no tiene pecado, se sacrificó por usted. "Y por todos murió, para que los que viven, ya no vivan para sí, sino para aquel que murió y resucitó por ellos" (2 Co. 5:15).

¡Él murió por usted! Dios Padre está satisfecho. Él aceptó la muerte sustitutiva de su Hijo como pago completo por el pecado de usted. Como demostración de que sí aceptó, resucitó a Jesús de entre los muertos. La salvación y la vida eterna serán suyos cuando confíe en el Señor Jesucristo como su Salvador individual, su sustituto en el pecado. "Mas a todos los que le recibieron, a los que creen en su nombre, les dio potestad de ser hechos hijos de Dios" (Jn. 1:12).

Cristo cargó en su propio cuerpo sobre el madero con el pecado de usted. ¿Aceptará usted su misericordioso ofrecimiento de salvación y perdón? "Porque por gracia sois salvos por medio de la fe; y esto no de vosotros, pues es don de Dios; no por obras, para que nadie se gloríe" (Ef. 2:8-9).

Su ser amado que no podía creer y que murió se encuentra en el cielo en este momento. Todos los que mueren antes de poder responder al gran ofrecimiento de Dios de salvación son salvos en su tierno cuidado, gracias a la obra terminada de Cristo en nombre de ellos. Pero cuando las personas alcanzan la edad en la que ya pueden responder de manera positiva ante el evangelio, se perderán eternamente si no lo aceptan. "El que en él cree, no es condenado; pero el que no cree, ya ha sido condenado, porque no ha creído en el nombre del unigénito Hijo de Dios" (Jn. 3:18).

Quedarán separados por siempre de Dios, de todo lo que es bueno y sagrado, al igual que de sus seres queridos, a menos que personalmente acepten al Señor Jesucristo como su propio Salvador. No posponga esta decisión, que es la más importante. Puede que mañana sea demasiado tarde. Hoy es el día de la salvación. Su ser querido, la niña de sus ojos, añora que usted comparta con él o ella la dicha y la felicidad eternas del cielo. Preséntese tal como es ante el Salvador. No trate de prepararse para su presencia antes de presentarse ante Él. Él quiere que usted vaya a Él y Él lo hará apto para el cielo, donde se encuentra ahora su pequeño.

Los viajeros cansados se sienten alentados cuando ven un cartel en un motel o un restaurante que dice: "Venga tal como es". Para las almas cansadas, que llevan la carga del pecado y de las pruebas que impone la vida, el Señor Jesús ofrece las mismas palabras de bienvenida: "Venga tal como es". Si quiere volver a ver a su ser querido, no rechace su misericordioso ofrecimiento de salvación.

Tal como soy de pecador,
Sin otra fianza que tu amor,
A tu llamado vengo a Ti:
Cordero de Dios, heme aquí.

Tal como soy, buscando paz,
En mi aflicción y mal tenaz
Combate rudo siento en mí:
Cordero de Dios, heme aquí.

Tal como soy, con mi maldad,
Miseria, pena y ceguedad;

Pues hay remedio pleno en Ti:
Cordero de Dios, heme aquí.

Tal como soy me acogerás;
Perdón y alivio me darás;
Pues tu promesa ya creí:
Cordero de Dios, heme aquí.

Tal como soy, tu compasión
Quitado ha toda oposición;
Ya pertenezco todo a Ti:
Cordero de Dios, heme aquí.[2]

Notas

Capítulo 1: Dios se preocupa y yo también
1. Texto sueco original de Caroline V. Sandell Berg (c. 1850), traducido al inglés por Ernst W. Olson, 1925.

Capítulo 2: Los niños en la Biblia
1. Fanny J. Crosby, *"Safe in the Arms of Jesus"* [Salvos en los brazos de Jesús], *Inspiring Hymns,* comp. Al Smith (Grand Rapids, Mich.: Singspiration, 1951), 437.

Capítulo 3: Jesús y los niños
1. John E. Meeter, ed., *Selected Shorter Writings of Benjamin B. Warfield* [Selección de escritos cortos de Benjamin B. Warfield] (Nutley, N.J.: Presbyterian and Reformed Publishing Company, 1970), 1:224.

Capítulo 4: El carácter de Dios
1. Anna B. Warner, alt., *"Jesus Loves Me"* [Cristo me ama], *Inspiring Hymns,* 454.

Capítulo 6: El único camino al cielo
1. John Bruce, *A Cypress Wreath for an Infant's Grave* [Una corona de ciprés para la tumba de un bebé] (Londres: Hamilton Adams, 1830), 141.

Capítulo 7: El lugar de la fe
1. J. Gresham Machen, *What Is Faith?* [¿Qué es la fe?] (Grand Rapids, Mich.: Eerdmans, 1925), 172.
2. J. I. Packer, *Fundamentalism and the Word of God* [El fundamentalismo y la palabra de Dios] (Grand Rapids, Mich.: Eerdmans, 1960), 172.

Capítulo 8: La muerte de un niño en la casa del Rey
1. R. A. Webb, *The Theology of Infant Salvation* [La teología de la salvación de los bebés] (Clarksville, Tenn.: Presbyterian Committee of Publication, 1907), 20-21.

No obstante, otros que creen que David reconocía la presencia de su hijo en el cielo arguyen que el niño fue allí porque era un hijo del pacto. Quienes abrazan este punto de vista, creen que solo los bebés que tienen padres regenerados y que han sido bautizados (el símbolo del pacto que aparece en el Nuevo Testamento, dicen ellos) irán al cielo si mueren. Yo soy de la opinión de que tal punto de vista carece de una base bíblica sólida.

2. Thomas Smyth, *Solace for Bereaved Parents* [Consuelo para padres afligidos por la muerte de un hijo] (Nueva York: Robert Carter, 1848), 217.

Capítulo 9: Preguntas que hacen los padres

1. J. Vernon McGee, *Death of a Little Child* [La muerte de un pequeño] (Pasadena, Calif.: Through the Bible Radio, 1970), 20.

2. Kurt Marquart, *Christian News* [Noticias cristianas], 10 de septiembre de 1973.

3. Louis Berkhof, *Systematic Theology* [Teología sistemática] (Grand Rapids, Mich.: Eerdmans, 1968), 632.

Capítulo 10: Cosas de las que hablan los padres

1. Frank E. Graeff, *"Does Jesus Care?"* [¿Cristo tiene cuidado?] *Inspiring Hymns,* 321.

2. Marilyn McGinnis, *"When Death Took Our Baby"* [Cuando la muerte nos arrebató a nuestro hijo], *Moody Monthly,* Octubre de 1974, 50.

Capítulo 11: El cielo y usted

1. J. B. Marchbanks, *Your Little One Is in Heaven* [Su pequeño está en el cielo], (Neptune, N.J.: Loizeaux Brothers, 1951), 25.

2. Charlotte Elliott, "Tal como soy", *Inspiring Hymns,* 198.